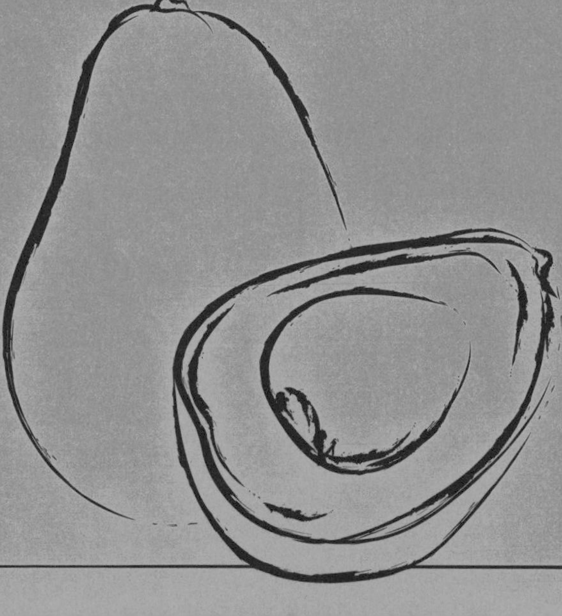

SELBST gemixt

ALLES AUSSER Smoothies

AUFSTRICHE, KUCHEN, SUPPEN UND MEHR
LECKERES AUS STANDMIXER, BLENDER UND CO.

Inhalt

Vorwort

Kuchen und Quiche, Pancakes und Crêpes, Dips, Suppen und Getränke - Wussten Sie schon, was für tolle Leckereien Sie mit Ihrem Mixer zaubern können?

Ein Mixer ist in der Küche vielseitig einsetzbar. Flüssige Teige für Pfannkuchen und Waffeln sind in kleineren Mengen schnell gemixt, auch Teigrezepte für Kekse und Kuchen lassen sich einfach zubereiten.

In diesem Buch warten über 35 abwechslungsreiche Rezepte auf Sie. Egal, ob Aperitif, Vorspeise, Hauptgang oder Nachtisch, diese Gaumenfreuden lassen sich schnell und einfach zubereiten und begeistern Sie und Ihre Lieben! Lassen Sie sich von den Rezepten überzeugen: Ein Hochleistungsmixer kann so viel mehr als nur Smoothies!

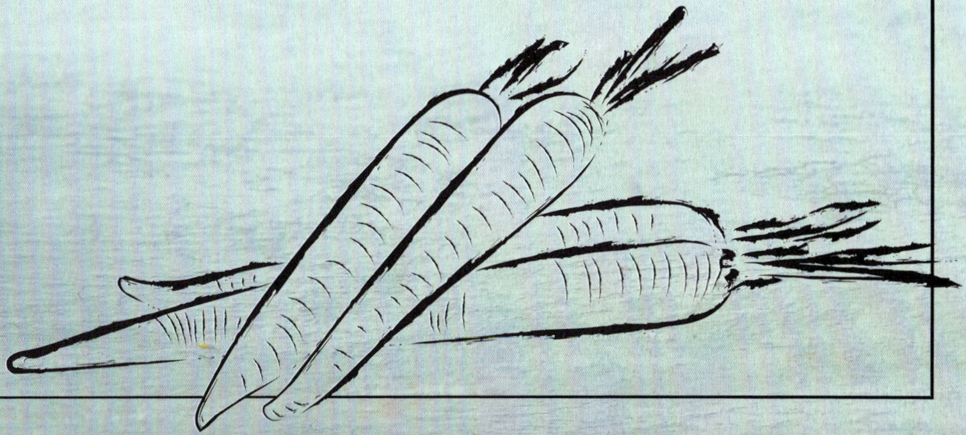

ZUBEREITUNGSZEIT 15 MIN + 20 MIN QUELLZEIT

American Pancakes

MIT HEIDELBEEREN

ZUTATEN

für 6 Stück

- 100 g Heidelbeeren
- 1 Ei
- 120 ml Milch
- 70 g Mehl, Type 550
- 30 g Haferflocken
- 1 EL Backpulver
- 1 Prise Salz
- 2 EL Rapsöl

1 Die Heidelbeeren waschen, verlesen und abtropfen lassen.

2 Das Ei und die Milch zuerst in den Standmixer geben, dann Mehl, Haferflocken und Backpulver dazugeben und alles zu einem Pfannkuchenteig mixen. Das Ganze etwa 20 Minuten ruhen lassen.

3 Das Öl in einer Pfanne erhitzen. Den Teig mit einem großen Löffel in kleinen Portionen mit reichlich Abstand in die Pfanne geben. Die Blaubeeren auf dem Teig verteilen. Die Pancakes nach 2 Minuten wenden und von beiden Seiten goldbraun backen.

Tipp

In den Staaten werden die Pfannkuchen meist mit Ahornsirup gesüßt. Die Karamellcreme vom Rezept auf Seite 51 passt aber auch hervorragend zu den Pancakes.

MÜSLI-BANANEN-Pancakes

ZUTATEN

für 8 Pancakes

- 1 kleine, reife Banane
- 1 Ei
- 60 g Magerquark
- 1 EL Chiasamen
- 4 EL Müsli
- 60 g Weizenvollkornmehl
- 2 TL Backpulver
- 50 ml Mineralwasser mit Kohlensäure
- 1 EL Rohrzucker
- 1 Msp. Vanillepulver
- 2 EL Rapsöl
- 300 g Äpfel
- je 1 EL Mandeln, Haselnüsse und Walnusskerne
- 1 TL Butter
- 2 EL Honig

1 Die Banane schälen und in Stücke schneiden. Die Bananenstücke mit einem Ei, dem Quark, den Chiasamen, dem Mehl und dem Backpulver im Mixer glattmixen und etwas Wasser untermischen. Mit Zucker und Vanille abschmecken.

2 1 EL Öl in einer Pfanne erhitzen, vier kleine Kellen Teig in das heiße Fett geben und die Pancakes von beiden Seiten braten. Aus dem restlichen Öl vier weitere Pancakes braten.

3 Die Äpfel waschen, das Kerngehäuse entfernen und die Äpfel in Spalten schneiden. Die Nüsse im Standmixer grob hacken. Die Butter in einer Pfanne erhitzen, die Äpfel kurz andünsten, Nüsse zugeben und mit dem Honig karamellisieren lassen. Die karamellisierten Apfelspalten am besten noch warm zu den Pancakes servieren.

ZUBEREITUNGSZEIT: 25 MIN + 20 MIN QUELLZEIT

Crêpes
MIT APRIKOSEN-MANDEL-SAUCE

ZUTATEN
für 4 Crêpes

- 2 Eier
- 150 ml Milch
- Salz
- 100 g Mehl, Type 405
- 1 EL zerlassene Butter
- 400 g Aprikosen (oder abgetropfte Aprikosen aus der Dose)
- 2 EL Mandelblätter
- 100 g Gelierzucker (2:1)
- 1 EL Zitronensaft
- 4 TL Rapsöl
- 50 ml Schokoladensauce

1 Eier, Milch und 1 Prise Salz im Mixer verquirlen, das Mehl esslöffelweise und zum Schluss die Butter unterrühren. Den Teig 20 Minuten quellen lassen.

2 Die Aprikosen waschen, halbieren, entsteinen und in Spalten schneiden. Die Aprikosen mit dem Gelierzucker und dem Zitronensaft mischen und 20 Minuten ziehen lassen. Inzwischen die Mandelblättchen in einer beschichteten Pfanne rösten.

3 Die Aprikosenmischung in einen Topf geben, langsam unter Rühren aufkochen und 3 Minuten köcheln lassen.

4 In einer beschichteten Pfanne (ø 20 cm) mit je 1 TL Öl nacheinander vier dünne Cêpes aus dem Teig backen. Die Crêpes mit dem Aprikosenkompott füllen, mit Mandeln bestreuen und mit der Schokoladensauce anrichten.

Tipp
Anstelle von Aprikosen können Sie auch Pfirsiche, Pflaumen oder Zwetschgen für die Crêpe-Füllung verwenden.

Blini
MIT ORANGENQUARK

ZUTATEN
für 4 Personen / 16 Blinis

- 1 Ei
- Salz
- 3 EL Honig
- 125 g Buchweizenmehl
- 75 g Mehl, Type 405
- ½ Pck. Trockenhefe
- 2 Orangen
- 100 ml frisch gepressten Orangensaft
- 1 Pck. Vanillezucker
- 1 EL Butter
- 250 g Magerquark

1 ¼ l lauwarmes Wasser und das Ei mit einer Prise Salz im Standmixer mixen. 1 EL Honig, Buchweizen- und Weizenmehl sowie Hefe zufügen und alles mit dem Standmixer zu einem glatten Teig verquirlen. Den Teig in einer Schüssel zugedeckt an einem warmen Ort etwa 45 Minuten gehen lassen.

2 Inzwischen die Orangen schälen, sodass die weiße Haut vollständig entfernt ist. Die Orangenfilets mit einem Messer zwischen den Häuten herausschneiden und den Saft dabei auffangen. Den aufgefangenen Saft mit 100 ml Orangensaft und dem Vanillezucker zu einem Sirup einkochen. Die Orangenfilets hinzufügen und abkühlen lassen.

3 Den gegangenen Bliniteig nochmals durchrühren. Die Butter in einer beschichteten Pfanne schmelzen lassen und in mehreren Portionen 16 goldbraune Blinis backen.

4 Den Quark mit 2 EL Honig glattrühren. Die Blinis mit dem Quark und den Orangenfilets servieren.

ZUBEREITUNGSZEIT 40 MIN + 10 MIN QUELLZEIT

WÜRZIGE Gemüse-Hirse-Bratlinge

ZUTATEN
für 12 kleine Bratlinge

FÜR DIE BRATLINGE
- 80 g Goldhirse
- 200 ml Gemüsebrühe
- 100 g Möhre
- 100 g Champignons
- ½ Zwiebel
- 2 EL Kichererbsenmehl
- 2 EL Kartoffelmehl
- 4 EL Paniermehl
- 2 Eier
- Salz
- weißer Pfeffer
- 3-4 EL Rapsöl

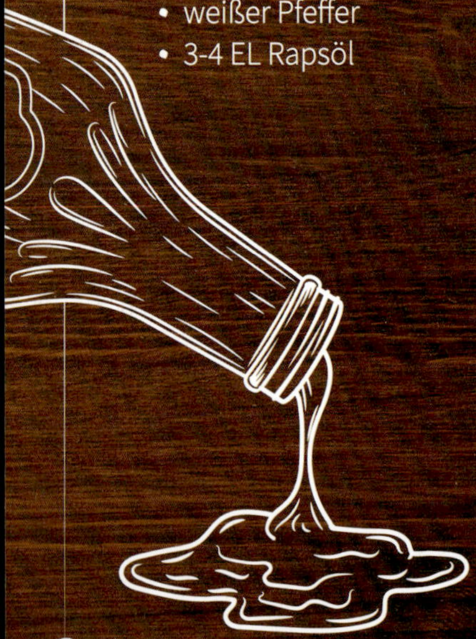

Bratlinge

1 Die Hirse in der Gemüsebrühe aufkochen und etwa 15 Minuten ausquellen lassen. Die Zwiebel schälen, im Standmixer hacken und in eine Schale füllen. Die Möhre waschen, schälen, in 1 cm große Stücke schneiden und ebenfalls im Standmixer klein hacken. Die Möhre nun zu den Zwiebeln in die Schale geben.

2 Die Champignons putzen, vierteln, im Standmixer hacken und zu den Möhren und den Zwiebeln geben.

3 Die Hirse zum Gemüse geben, Kichererbsenmehl, Stärke, Paniermehl und die Eier hinzugeben und mit einem Kochlöffel vermischen. Mit Salz und Pfeffer abschmecken.

4 Die Masse 10 Minuten quellen lassen, dann mit feuchten Händen Bratlinge formen und im heißen Öl einige Minuten von jeder Seite knusprig braten. Kurz auf einem Stück Küchenkrepp abtropfen lassen und warm oder kalt genießen!

Hummus MIT SESAMPASTE UND ZITORNEN

ZUTATEN

für 4 Personen

- 150 g Kichererbsen, getrocknet
- 2 Knoblauchzehen
- 1 Prise Kreuzkümmel
- 1 TL Paprikapulver, süß
- 3 EL Olivenöl
- Salz
- 2 EL Sesampaste (Tahin)
- Saft von 3 Zitronen

1 Die Kichererbsen etwa 12 Stunden einweichen. Dann in etwa 1 Stunde weichkochen (5 Minuten im Schnellkochtopf), das Wasser abgießen und beiseitestellen.

2 Den Knoblauch schälen und grob in Stücke schneiden. In den Standmixer geben und klein mixen. Die Knoblauchstücke ab und an mit einem Teigschaber im Mixer wieder nach unten schieben.

3 Dann die Kichererbsen und die übrigen Zutaten - bis auf das Salz – in den Standmixer geben und pürieren. Immer wieder alles mit dem Teigschaber nach unten schieben und etwas Kochwasser dazugeben, bis eine geschmeidige Masse entsteht. Falls die Masse zu trocken ist, noch etwas vom Kochwasser hinzufügen. Zum Schluss das Salz zugeben und dabei immer wieder im Standmixer mixen.

Tipp

Statt getrockneten Kichererbsen können Sie auch Kichererbsen aus der Dose (450 g) verwenden. Dadurch entfällt die Einweichzeit und das Weichkochen.

Auberginenpaste MIT KNOBLAUCH

ZUTATEN

für 4 Personen

- 2 mittelgroße Auberginen
- 4 Knoblauchzehen
- 200 g Joghurt, 3,5 % Fett
- 2 EL Mandelmus
- 2 EL Olivenöl
- Saft von ½ Zitrone
- 1 TL Kreuzkümmel, gemahlen
- etwas Salz
- etwas Paprika, edelsüß

1 Den Backofen auf 180 °C vorheizen. Die Auberginen waschen und längs halbieren. Ein Backblech mit Olivenöl bestreichen, die Auberginen mit der Schnittfläche auf das Blech legen und für ca. 30 Minuten backen.

2 Den Knoblauch schälen, halbieren und im Standmixer hacken. Das Fruchtfleisch der Auberginen von der Schale befreien und in große Stücke geschnitten in den Mixer geben. Joghurt, Mandelmus, Olivenöl und Zitronensaft hinzufügen und das Ganze zu einer homogenen Masse pürieren. Mit Kreuzkümmel, Salz und Paprika abschmecken.

Tipp

Die Creme vor dem Servieren noch etwas ruhen lassen, dann wird sie automatisch fester. Genießen können Sie die Creme am besten als Dip zu Gemüsesticks oder als Aufstrich zu Fladenbrot.

ZUBEREITUNGSZEIT 15 MIN

Avocadopüree mit Granatapfel

Zutaten

für 4 Personen

- 1 Schalotte
- 2 Avocados
- Saft von 1 Zitrone
- Salz
- Cayennepfeffer
- 1 Granatapfel

1 Die Schalotte schälen und grob längs und quer halbieren. Die Avocados ebenfalls schälen und halbieren, den Kern entfernen und das Fruchtfleisch grob in Stücke schneiden.

2 Die Schalotten- und Avocadostücke mit dem Zitronensaft in den Standmixer geben und pürieren. Dabei die Masse mit einem Löffel immer wieder etwas nach unten schieben. Das Püree mit Salz und Cayennepfeffer abschmecken.

3 Den Granatapfel aufschneiden, dabei zuerst vorsichtig die obere Seite des Granatapfels wegschneiden. Nun werden die einzelnen Segmente des Granatapfels sichtbar. Den Granatapfel entlang dieser Segmente aufschneiden und die Frucht vorsichtig aufspreizen. Nun die Kerne mithilfe eines Teelöffels aus den Fruchtkammern lösen.

4 Das Avocadopüree in eine Servierschale geben und die Grantapfelkerne darüber verteilen.

ZUBEREITUNGSZEIT 20 MIN

Basilikumpesto

MIT PINIENKERN-TOPPING

ZUTATEN

für 1 Glas (250 ml)

- 20 g Pinienkerne
- 1 Knoblauchzehe
- 1 Topf Basilikum
- ½ TL Salz
- 100 ml Olivenöl
- 25 g frisch geriebener Parmesan

1 Die Pinienkerne in einer beschichteten Pfanne, ohne Fett, bei mittlerer Hitze goldbraun rösten. Den Knoblauch schälen und grob zerkleinern.

2 Das Basilikum abbrausen, trocken tupfen und die Blätter von den Stielen zupfen.

3 Ein Teil des Basilikums mit etwas Salz und der Knoblauchzehe in den Standmixer geben und hacken. Herausnehmen und mit der nächsten Portion Basilikum wieder so verfahren. Anschließend die Pinienkerne fein hacken.

4 Das gehackte Basilikum komplett in den Standmixer geben und das Olivenöl einrühren. Zum Schluss den Parmesan unterrühren. Das Ganze in ein Glas füllen. Die Oberfläche vollständig mit Olivenöl bedecken, so lässt es sich verschlossen bis zu 2 Wochen im Kühlschrank aufbewahren.

Thunfischdip MIT PETERSILIE

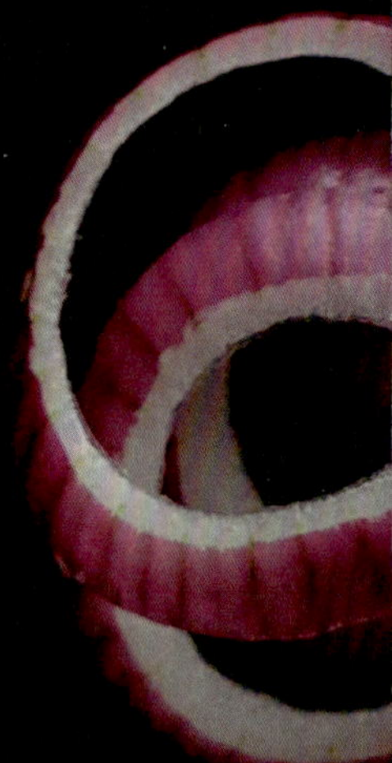

ZUTATEN

für 3 bis 4 Personen

- 6 Zweige glatte Petersilie
- ½ kleine, rote Zwiebel
- 1 Dose Thunfisch im eigenem Saft (netto: 150 g)
- 100 g Schmand
- 2 EL Zitronensaft
- Salz
- schwarzer Pfeffer aus der Mühle
- 1 TL Paprikapulver, edelsüß

1 Die Petersilie waschen, trocken tupfen und die Blätter von den Stielen zupfen. In den Mixer geben und grob pürieren. Die Blätter mit dem Teigschaber aus dem Mixglas schaben und beiseitestellen.

2 Die rote Zwiebel schälen, halbieren und jeweils eine Hälfte nochmals längs und quer halbieren und die Stücke in den Standmixer geben. Den eigenen Saft vom Thunfisch abgießen. Das Thunfischfleisch zusammen mit dem Schmand in den Mixer geben. Das Ganze zu einer homogenen Masse pürieren.

3 Den Zitronensaft hinzugeben. Mit Salz, Pfeffer und Paprika würzen und erneut mixen. Zum Schluss die Petersilie mit einem Löffel unter den Dip heben.

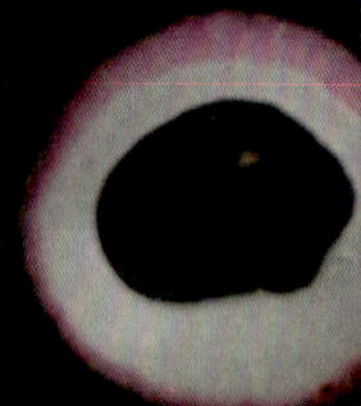

Tipp

Essen Sie den Dip auf getoastetem Ciabatta oder zu Gemüsesticks wie Paprika, Gurke oder Möhren.

ZUBEREITUNGSZEIT 15 MIN

FEURIGER Schafskäse-Dip

ZUTATEN
für 4 bis 6 Personen

- 1 Knoblauchzehe
- 1 Chilischote
- 200 g Feta
- 250 g griechischer Joghurt oder saure Sahne
- 5 EL Olivenöl
- 1 TL Paprikapulver, edelsüß
- etwas Petersilie für das Topping

1 Den Knoblauch schälen und grob hacken. Die Chilischote waschen und putzen und dabei die Innenwände und Samen entfernen. Die Chilischote anschließend in grobe Streifen schneiden. Beides in den Standmixer geben und grob hacken.

2 Den Feta großzügig würfeln. Den Joghurt, 4 EL Öl, Paprika und Feta ebenfalls in den Standmixer geben und das Ganze zu einer Paste pürieren.

3 Die Paste in eine Schüssel geben, vor dem Servieren mit dem restlichen Olivenöl beträufeln und mit etwas Paprikapulver und Petersilie bestreuen.

GRÜNE ERBSEN Kerbel Suppe

ZUTATEN

für 2 bis 4 Personen

- 10 g Kerbel
- 1 Kartoffel
- 1 Zwiebel
- 1 EL Butter
- 450 g TK-Erbsen
- 600 ml Brühe
- 100 ml Sahne
- Salz
- weißer Pfeffer

1 Den Kerbel abbrausen, trocken tupfen, die Blättchen von den Stielen zupfen und im Standmixer hacken. Den fein gehackten Kerbel beiseitestellen.

2 Die Kartoffel schälen und in Würfel schneiden. Die Zwiebel schälen und im Standmixer hacken.

3 Die Butter in einen kleinen Topf erhitzen und die Zwiebel und die Kartoffel darin anschwitzen. 400 g der Erbsen hinzugeben und mit Brühe aufgießen. Das Ganze 15–20 Minuten köcheln lassen. Die restlichen Erbsen auftauen lassen.

4 Die gekochten Erbsen in den Standmixer geben und pürieren. Die Sahne unterrühren, mit Salz und Pfeffer abschmecken und das Ganze durch ein feines Haarsieb gießen. Die Suppe auf 4 Suppentassen verteilen. Die aufgetauten Erbsen und den Kerbel hinzugeben.

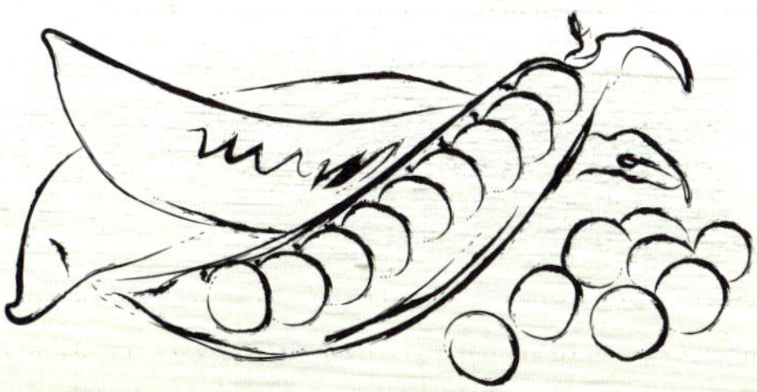

Kürbis-Linsen-SUPPE

ZUTATEN

für 3 bis 4 Personen als Vorspeise

- kleiner Hokkaido-Kürbis (400 g Fruchtfleisch)
- 1 Stück Ingwer (ca. 2 cm)
- 1 Knoblauchzehe
- 1 kleine Zwiebel
- 1 EL Olivenöl
- 50 g rote Linsen
- 1 TL Garam Masala
- 600 ml Gemüsebrühe
- 1 TL Zitronensaft
- Salz
- 100 g Joghurt, 10 % Fett

1 Den Kürbis waschen, halbieren, die Kerne und die Fasern entfernen und 400 g Fruchtfleisch grob in Stücke schneiden. Den Ingwer schälen und in Scheiben schneiden. Den Knoblauch und die Zwiebel schälen. Die drei Zutaten nacheinander in den Standmixer geben und fein hacken.

2 Das Öl in einem Topf erhitzen, Kürbisfleisch, Zwiebel und Knoblauch anbraten. Linsen und Garam Masala dazugeben und gleichmäßig verrühren. Mit der Gemüsebrühe ablöschen und alles in etwa 20 Minuten weichkochen.

3 Anschließend die Suppe in den Standmixer geben und pürieren. Mit Zitronensaft und Salz abschmecken. Erneut mixen, auf 3 bis 4 Suppenschalen verteilen und mit etwas Joghurt verfeinern.

ZUBEREITUNGSZEIT 20 MIN

Tomatensuppe
MIT BASILIKUM

ZUTATEN
für 3 bis 4 Personen

- 450 g Tomaten
- 1 kleine Zwiebel
- 1 Knoblauchzehe
- 1 EL Olivenöl
- 250 ml kräftige Gemüsebrühe
- ½ TL getrocknetes Basilikum
- Salz
- 1 TL Zucker
- 2 EL Tomatenmark
- 4 Zweigspitzen Basilikum

1 Die Tomaten kalt abbrausen und trockentupfen. Dann halbieren, den Stielansatz entfernen und grob in Stücke schneiden.

2 Die Zwiebel und den Knoblauch schälen und in grobe Stücke schneiden. In den Standmixer geben und hacken.

3 Das Olivenöl in einem Topf erhitzen, Zwiebel und Knoblauch darin andünsten. Die Tomatenstücke dazugeben und die Gemüsebrühe angießen. Mit Basilikum würzen und alles 10 Minuten köcheln lassen.

4 Anschließend alles in den Standmixer geben und zu einer homogenen Suppe pürieren. Vorsichtig mit Salz, Zucker und Tomatenmark abschmecken und dabei mithilfe des Standmixers vermischen.

5 Die Basilikumspitzen waschen und trockentupfen. Die Suppe auf Tellern verteilen und mit dem Basilikum dekorieren.

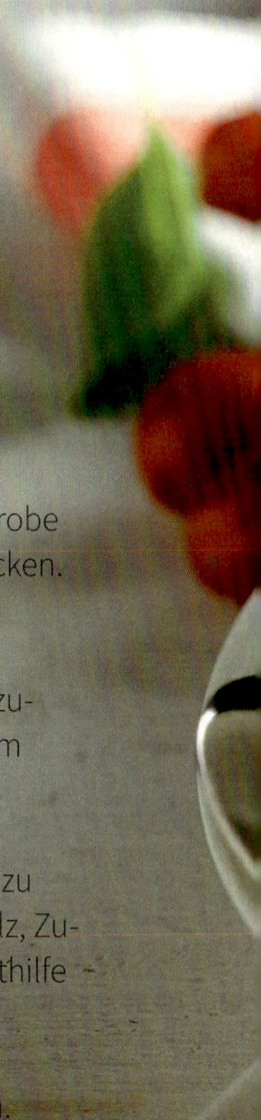

Tipp

Genießen Sie die Suppe mit Basilikumschaum. Pürieren Sie hierfür eine Hand voll Basilikumblätter im Standmixer. Kochen Sie das Basilikum dann mit 100 –150 ml Milch auf. Lassen Sie die Milch gut durchziehen und geben Sie eventuell etwas Salz zu. Kurz vor dem Servieren der Suppe schäumen Sie die Basilikummilch mit einem Milchschäumer auf.

TOMATEN-BOHNEN-Quiche

ZUTATEN

für 8 Stücke

- 160 g TK-Blätterteig
- 150 g grüne TK-Stangenbohnen
- 1 rote Zwiebel
- 1 EL Olivenöl
- 1 TL Thymian
- Salz
- weißer Pfeffer
- 250 g kleine Tomaten
- 4 Eier
- 200 ml Sahne, 30 % Fett
- 30 g frisch geriebenen Parmesan

1 Den Blätterteig aufrollen und eine mit Backpapier ausgelegte Springform (ø 26 cm) auskleiden.

2 Die Bohnen auf- oder antauen. Die Zwiebel schälen und in feine Streifen schneiden. Das Öl in einer beschichteten Pfanne erhitzen, Zwiebel und Bohnen darin anbraten und mit Thymian, Salz und Pfeffer würzen. Die Tomaten waschen und längs halbieren.

3 Die Bohnen und die Zwiebel auf dem Blätterteig gleichmäßig verteilen. Die Tomaten mit der Schnittfläche nach oben draufsetzen. Den Backofen auf 200 °C vorheizen.

4 Die Eier zusammen mit der Sahne in den Standmixer geben und zu einer homogenen Flüssigkeit vermengen. Den Parmesan, einen gestrichenen TL Salz und Pfeffer hinzugeben und kurz im Standmixer verrühren. Dann auf das Gemüse geben und die Quiche auf mittlerer Schiene etwa 40 Minuten backen.

ZUBEREITUNGSZEIT 20 MIN + 25 MIN BACKZEIT

Lachs-Blätterteig-Taschen

Zutaten

für 6 Stück

- ½ Pck. TK-Blätterteig (225 g)
- 150 g geräucherter Lachs
- 100 g Gurke
- ½ rote Zwiebel
- 4 Zweige Dill
- Saft von ½ Zitrone
- Salz
- weißer Pfeffer
- 1 Ei

1 Den Blätterteig auftauen lassen, dabei die Rechtecke einzeln legen, zu Quadraten teilen und leicht ausrollen.

2 Den Räucherlachs grob in Streifen schneiden. Die Gurke waschen, schälen und grob würfeln. Die rote Zwiebel schälen und grob würfeln. Den Dill waschen, trockentupfen und ebenfalls grob zerschneiden. Alle Zutaten bis auf das Ei in einen Standmixer geben und pürieren. Alles mit wenig bis gar keinem Salz und Pfeffer abschmecken. Die Lachsmasse auf die Blätterteigvierecke verteilen.

3 Das Ei trennen und die Teigvierecken am Rand mit Eiweiß bestreichen, dann zum Dreieck zusammenklappen. Die Naht mit einer Gabel fest andrücken und die Oberseiten der Teigtaschen mit Eigelb bestreichen. Die Blätterteig-Taschen auf ein Backblech mit Backpapier setzen und im 200 °C vorgeheizten Ofen etwa 25 Minuten backen.

NOUGAT-BANANEN-Softeis

ZUTATEN

für 3 bis 4 Personen

- 3 Bananen
- 50–100 ml Milch
- 3 EL Nuss-Nougatcreme
- 1-2 EL Mandelblättchen

1 Die Bananen schälen, in ein flaches Gefäß geben und mindestens 6 Stunden gefrieren.

2 Die Bananen in 1 cm dicke Scheiben schneiden und in den Standmixer geben. Etwa 50 ml Milch und 3 EL Nuss-Nougatcreme hinzufügen und alles zu einer homogenen Masse pürieren.

3 Die Eismasse in einen Spritzbeutel mit Sterntülle geben und das Eis auf einem Teller oder in einer Schale anrichten. Mit Mandelblättchen bestreuen.

ZUBEREITUNGSZEIT 20 MIN + 8 STD GEFRIERZEIT

Mango-Kokos-Eis
AM STIEL

ZUTATEN
für 4 bis 8 Personen

- 1 Mango
- 50 g Zucker
- 400 g Kokosmilch, 30 % Fett

1 Die Mango abbrausen und trocken tupfen. Das Fruchtfleisch vom Stein trennen und die Schale entfernen. Das Fruchtfleisch fein würfeln, in eine Schüssel geben und für 1 Stunde in das Gefrierfach stellen.

2 Den Zucker in den Standmixer geben und pulverisieren. Die Kokosmilch hinzufügen und das Ganze im Standmixer verrühren. Die angefrorenen Mangostücke hinzugeben und alles zusammen mixen.

3 Die Eismasse in kleine Eisformen mit Stiel geben oder in ausgewaschene Joghurtbecher, die Sie mit einem Holzstiel versehen, füllen. Das Eis am besten über Nacht gefrieren lassen, mindestens aber 4 bis 6 Stunden.

ZUBEREITUNGSZEIT 10 MIN + 8 STD GEFRIERZEIT

ERFRISCHENDES Joghurt-Cookies-Eis

ZUTATEN

für 3 bis 4 Personen

- 60 g Schoko-Doppelkekse mit Vanillecreme
- 40 g Zucker
- 200 g Naturjoghurt, 3,5 %
- 200 g Sahne, 30 % Fett

1 Die Schoko-Doppelkekse im Standmixer grob zerkleinern und aus dem Mixer nehmen. Zucker, Naturjoghurt und Sahne im Standmixer kräftig verrühren. Zum Schluss die Schoko-Doppelkekse dazugeben und alles nochmals kurz vermengen.

2 Die Masse in eine flache Schale füllen und für ca. 6 Stunden einfrieren. Die Schale nach 1 Stunde aus dem Gefrierschrank nehmen, die Masse mit einem Schneebesen verrühren und die Schale zurück in den Gefrierschrank stellen. Die Masse nach einer weiteren Stunde nochmals herausnehmen, mit einem Schneebesen verrühren, wieder zurück in den Gefrierschrank stellen und ruhen lassen.

3 Das Eis aus dem Gefrierschrank nehmen, portionieren und genießen.

60ML

Zitronensorbet
MIT FRISCHER MINZE

ZUTATEN
für 1 Person

- 2 Zitronen
- 30 g Zucker
- Minzblätter

1 Die Zitronen halbieren und auspressen. Insgesamt benötigen Sie 90 ml Zitronensaft. Den Saft in Eiswürfelbehälter füllen und für mindestens 6 Stunden gefrieren.

2 Den Zucker in den Standmixer geben und zu Puderzucker mahlen. Die Zitroneneiswürfel hinzugeben und das Ganze im Standmixer crashen.

3 Das Eis mit einem Esslöffel herausnehmen und zur Eiskugeln formen. Die Minzblätter vorsichtig abbrausen und trocken tupfen, das Eis dekorieren und servieren.

Erdbeeraufstrich
KALT GERÜHRT

ZUTATEN
für 2 kleine Gläser (180 ml)

- 250 g TK-Erdbeeren
- 185 g Gelierzucker für kaltgerührte Fruchtaufstriche
- ½ TL Vanillepulver

1 Die Erdbeeren auftauen lassen, in den Standmixer geben und das Ganze fein pürieren. Den Gelierzucker (für kaltgerührte Fruchtaufstriche) und das Vanillepulver hinzufügen. Alles etwa 45 Sekunden mixen.

2 Den Fruchtaufstrich in saubere Gläser füllen und im Kühlschrank aufbewahren. Innerhalb von 14 Tagen konsumieren.

Tipp

Diese Kombinationen eignen sich ebenfalls für einen leckeren Aufstrich:

50 g Heidelbeeren mit 100 g Mango, 2 EL Zitronensaft und 185 g Gelierzucker für kaltgerührte Fruchtaufstriche.

Oder

2210 g entsteinte Zwetschgen mit ½ TL Zimt und 4 EL Rotwein gemixt mit 185 g Gelierzucker für kaltgerührte Fruchtaufstriche.

ZUBEREITUNGSZEIT 15 MIN

FRUCHTIGES Lemoncurd

ZUTATEN

für 3 Schraubgläser (200 ml)

- 150 ml Zitronensaft (ca. 4 Zitronen)
- 200 g Zucker
- 3 Eier
- 1 TL Stärke
- 60 g Butter

1 Die Zitronen auspressen, sodass insgesamt 150 ml Zitronensaft entstehen. Den Zucker zusammen mit dem Zitronensaft, den Eiern und der Stärke in einen Standmixer geben und zu einer homogenen Flüssigkeit mixen.

2 Die Eier-Zucker-Zitronensaftmasse in einen Topf geben. Die Butter als Würfel dazugeben und alles unter Rühren kurz aufkochen lassen, bis das Lemoncurd anfängt dicklich zu werden.

3 Das Lemoncurd in saubere Schraubgläser (z. B. 3 Stück mit je 200 ml) geben und die Gläser noch heiß verschließen. Abkühlen lassen und dann im Kühlschrank verwahren. Das Lemoncurd hält sich 1 bis 2 Wochen.

KARAMELL Käsekuchen

ZUTATEN

für eine Springform, ø 20 cm

- 100 g Karamellkekse
- 60 g Butter
- 2 Eier, Größe M
- 300 g Doppelrahm-frischkäse
- 100 g saure Sahne
- 70 g Zucker
- 1 EL Stärke
- 5 EL Karamellsauce

1 Den Backofen auf 175 °C vorheizen und eine Springform mit Backpapier auslegen. Für den Kekskrümelboden die Kekse in zwei Portionen in den Standmixer geben und hacken bzw. klein mahlen lassen. Die Butter im Topf schmelzen lassen und mit den Kekskrümeln vermischen. Die Masse auf dem Boden der Springform verteilen und festdrücken. Rund 5 Minuten bei 175 °C vorbacken. Anschließend abkühlen lassen, damit der Boden fest wird.

2 Währenddessen für die Füllung zuerst die Eier dann den Frischkäse mit der sauren Sahne in den Standmixer geben und glattrühren. Den Zucker und die Stärke unterrühren.

3 Die Ofentemperatur auf 160 °C herunterschalten. Die Frischkäsemasse auf den vorgebackenen und leicht abgekühlten Boden gießen. Den Kuchen etwa 40 Minuten backen. Die Oberfläche sollte noch hell sein, nicht gebräunt. Das Innere des Käsekuchens darf ruhig ein wenig "wackeln", wenn Sie leicht an der Form ruckeln. Den Käsekuchen am besten über Nacht abgedeckt in den Kühlschrank stellen.

4 Vor dem Servieren die Karamellsauce etwas erwärmen und auf dem Kuchen verteilen.

Tipp

Für selbstgemachte Karamellcreme karamellisieren Sie 100 g Zucker in einer kleinen Pfanne. 40 g Butter und 100 ml Sahne hinzugeben und dabei kräftig über einen längeren Zeitraum rühren. Die Creme dann abkühlen lassen.

ZUBEREITUNGSZEIT 25 MIN + MIND. 2 STD KÜHLZEIT

No bake Käsekuchen
MIT HIMBEEREN

ZUTATEN
für 4 Portionen

- 60 g Butterkekse
- 40 g weiche Butter
- 250 g Himbeeren
- 200 g Schlagsahne
- 250 g Mascarpone
- Saft von ½ Zitrone
- 1 Pck. Vanillezucker
- 2 TL Chiasamen
- 4 Minzblätter

1 Die Butterkekse in den Standmixer geben und fein mahlen. Dann das Keksmehl auf eine Arbeitsplatte geben, die Butter in kleine Stückchen schneiden und mit den Keksen verkneten. Die Masse auf die Gläser verteilen und festdrücken.

2 Die Himbeeren abbrausen, vier schöne Himbeeren zur Dekoration beiseitestellen und den Rest im Standmixer pürieren. Das Himbeerpüree zu zwei Dritteln auf den Keksboden verteilen. Den Rest in einem Schälchen aufbewahren.

3 Die Sahne im Standmixer anschlagen. Mascarpone, Zitronensaft, Vanillezucker und Chiasamen dazugeben und alles cremig mixen. Die Sahnecreme auf dem Himbeerpüree verteilen. Das restliche Himbeerpüree und die Himbeeren darauf dekorieren.

4 Die Minzblätter abbrausen, trockentupfen und den Käsekuchen damit dekorieren.

ZUBEREITUNGSZEIT 20 MIN + 35 MIN BACKZEIT

Zebrakäsekuchen

LECKERE STREIFEN

ZUTATEN

für 8 Stück

- 500 g Magerquark
- 100 g Zucker
- 1 Pck. Vanillepuddingpulver
- 2 Eier
- 100 g flüssige Butter
- 100 g Doppelrahm-frischkäse
- 1 EL Kakaopulver

1 Quark, Zucker, Puddingpulver, Eier, Butter und Frischkäse in einen Standmixer geben und zu einer gleichmäßigen Masse verrühren. Die Hälfte der Masse herausnehmen. Zu der verbliebenen Hälfte das Kakaopulver geben und verrühren.

2 Die Quarkmasse mithilfe von zwei Esslöffeln abwechselnd in die Mitte einer mit Backpapier ausgelegten Springform (20 cm ø) geben. Die Masse verläuft von alleine und es entstehen Ringe, die Sie später beim Aufschneiden des Käsekuchens sehen.

3 Den Backofen auf 180 °C vorheizen und den Kuchen auf mittlerer Schiene etwa 35 Minuten backen.

ZUBEREITUNGSZEIT 25 MIN + 20 MIN BACKZEIT

RÜBLI Mini-Gugelhupf

ZUTATEN

für 6 bis 8 Stück

- 100 g Möhren
- 50 g Haselnüsse
- 2 Eier
- 100 g Zucker
- 60 ml Rapsöl
- 120 g Mehl, Type 1050
- 1 TL Backpulver
- ½ TL Zimt
- je 1 Msp. Kardamom, Muskat und Nelke
- Puderzucker zum Bestäuben

Tipp

Sie können auch aus 80 g Puderzucker und 2 EL Zitronensaft einen Guss herstellen und den Rübli-Minigugelhupf damit bestreichen.

1 Den Backofen auf 180 °C vorheizen. Die Möhren waschen, schälen und in 2 cm große Stücke schneiden. Dann in den Standmixer geben und zerkleinern. Auf einen tiefen Teller umfüllen.

2 Nun die Haselnüsse in den Standmixer geben und zerkleinern, danach zu den Möhren geben.

3 Wichtig: Geben Sie zuerst die Eier und dann den Zucker in den Standmixer und rühren Sie beides zu einer Schaummasse. Anschließend das Öl hinzufügen und ebenfalls über einen etwas längeren Zeitraum mixen.

4 Zuerst die Möhren und Nüsse unter die Eierschaummasse mixen. Dann das Mehl zusammen mit dem Backpulver und den Gewürzen in den Standmixer geben und mixen.

5 Eine 12er-Mini-Gugelhupfform mit Öl einfetten und den Teig in die Mulden geben. Die Rübli-Gugelhupfe auf mittlerer Schiene etwa 20 Minuten backen. Herausnehmen, nach ein paar Minuten aus der Form lösen und auf einen Kuchengitter auskühlen lassen.

6 Später mit Puderzucker bestäuben und genießen!

Schokoküchlein
MIT FLÜSSIGEM KERN

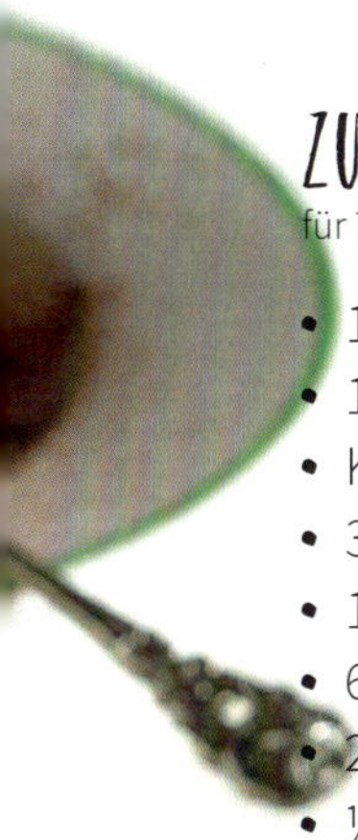

ZUTATEN
für 7 bis 8 Küchlein

- 100 g Butter
- 100 g Schokolade mit 70 %
- Kakaobutter
- 3 Eier
- 100 g Zucker
- 60 g Mehl, Type 405
- 20 g Backkakao
- ½ TL Natron
- 1 Prise Salz

1 Die Butter und die Schokolade in einem Topf schmelzen lassen. Den Zucker und die Eier in den Standmixer geben und schaumig schlagen. Die Butter-Schokoladen-Mischung leicht abgekühlt als Strahl zur Zucker-Eier-Masse geben und dabei den Mixer laufen lassen.

2 Mehl, Kakao, Natron und Salz vermengen und unter die Schokoladenmasse mixen. Den Teig in eine ausgefettete Muffinform geben und mindestens 6 Stunden im Kühlschrank ruhen lassen.

3 Den Backofen auf 200 °C aufheizen und die Muffins etwa 8 bis 10 Minuten backen. Aus dem Ofen nehmen und direkt aus der Form auf Desserttellern servieren.

Tipp

Geviertelte Erdbeeren vermengt mit einem Schuss Cointreau schmecken besonders lecker zu den Küchlein!

BUNTER Marmorkuchen AM STIEL

ZUTATEN

für 8 Scheiben (Kastenform, 20 cm lang)

- 2 Eier
- 120 ml Rapsöl
- 150 g Zucker
- 150 g Mehl, Type 405
- 1 TL Backpulver
- 2 EL Backkakao
- 60 ml Milch, 3,5 % Fett
- 40 g bunte Schokolinsen
- 8 Esstäbchen aus Holz

1 Den Backofen auf 180 °C vorheizen. Die Eier in den Standmixer geben, Rapsöl und Zucker hinzufügen und das Ganze zu einer homogenen Masse mixen. Mehl, Backpulver und 3 EL Milch hinzugeben und ebenfalls zu einer glatten Masse mixen.

2 Eine kleine Kastenform einfetten und mit Backpapier auslegen. Die Hälfte des Teiges in die Form füllen. Die Schokolinsen dazu geben und mit einer Gabel unterheben. Zum restlichen Teig den Backkakao und die restliche Milch geben und ebenfalls zu einer glatten Masse mixen. Den dunklen Teig auf dem hellen verteilen und anschließend mit einer Gabel den Kakaoteig durchziehen. Acht Holzstäbchen im Abstand von 2 cm in den Teig setzen.

3 Den Teig auf mittlerer Schiene im vorgeheizten Backofen etwa 45 Minuten backen. 10 Minuten vor Ende der Backzeit die Stäbchen nochmals aufrichten und den Kuchen fertig backen. Den Teig kurz in der Form abkühlen lassen, dann aus der Form nehmen und vollständig abkühlen lassen. Die Kuchen in Stücke schneiden.

ZUBEREITUNGSZEIT 30 MIN

Honigwaffeln
GOLDGELB GEBACKEN

ZUTATEN
für 9 Herzwaffeln

- 125 g Butter
- 75 g Honig
- 1 Pck. Vanillezucker
- 2 Eier
- 1 Prise Salz
- 250 g Mehl, Type 405
- ½ TL Backpulver
- 250 ml Milch 3,5 % Fett
- Rapsöl zum Einfetten

1 Die Butter in einem kleinen Topf schmelzen lassen. Honig, Vanillezucker, Eier und Salz in den Standmixer geben und mixen. Dann die leicht abgekühlte Butter dazugeben und erneut mixen.

2 Das Mehl mit dem Backpulver vermengen, zusammen mit der Milch in den Standmixer geben und unterrühren, dabei mit einem Teigschaber das Mehl herunterschieben.

3 Das Waffeleisen vorheizen und einfetten. Goldgelbe Waffeln backen und am besten gleich warm servieren.

Tipp
Die Waffeln mit Puderzucker bestäuben oder auch mit heißen Kirschen und Schlagsahne servieren.

ZUBEREITUNGSZEIT 40 MIN + 1 STD RUHEZEIT + 20 MIN BACKZEIT

Triple-Chocolate-COOKIES

ZUTATEN
für 16 Stück

- 50 g Butter
- 200 g Blockschokolade
- 100 g weiße Schokolade
- 100 g Vollmilchschokolade
- 2 Eier
- 120 g Zucker
- 90 g Mehl, Type 405
- 1 TL Backpulver

Varianten

Sie können auch eine feingehackte Chilischote und nur dunkle Schokolade unter den Teig rühren. Die Variante mit etwas Kardamom oder auch Vanille im Teig, zählt zu meinen Favoriten.

1 Die Butter zusammen mit der Blockschokolade in einem Wasserbad schmelzen lassen. Inzwischen die beiden Schokoladen in Stücke brechen, jeweils nur 50 g in den Standmixer geben und grob hacken.

2 Nun die Eier mit dem Zucker in den Standmixer geben und solange mixen bis sich der Zucker gelöst hat. Die geschmolzene Schokoladenmasse abgekühlt in mehreren Portionen unter die Eiermasse rühren.

3 Das Mehl mit dem Backpulver in eine Schüssel geben. Die gehackte Schokolade und die Schokoladen-Ei-Masse dazugeben und mit einem Kochlöffel alles gründlich miteinander verrühren. Den Teig etwa 1 Stunde zugedeckt ruhen lassen.

4 Den Backofen auf 160 °C vorheizen. Die Backbleche mit Backpapier auslegen. Den Teig mit einem Esslöffel portionsweise abstechen und mit ausreichendem Abstand von 8 cm auf das Blech geben.

5 Die Cookies im Backofen etwa 20 Minuten backen, bis sie leicht glänzen. Die Cookies auf dem Blech auskühlen lassen.

MANDEL-MOHN-MARZIPAN Shortbread

ZUTATEN

für 25 Stück

- 100 g Marzipan Rohmasse
- 100 ml geschmolzene Butter
- 50 g brauner Zucker
- 15 ml Zitronensaft
- 100 g Mehl, Type 405
- 25 g Kokosmehl
- 2-3 EL Mohn
- 1 Eiweiß
- 30 g gehobelte Mandeln

1 Das Marzipan in sehr kleine Stücke schneiden. Die Marzipanwürfel mit zerlassener Butter, Zucker, und Zitronensaft in einen Standmixer geben und zu einem gleichmäßigen Teig verrühren.

2 Mehl, Kokosmehl und 1 EL Mohn in eine Schüssel geben, die Marzipanmasse hinzugeben, verkneten und zu einer Teigkugel formen. Diese in Folie eingewickelt 1 Stunde im Kühlschrank ruhen lassen.

3 Den Teig ausrollen und zu 2 cm breiten und 6 cm langen Rechtecken schneiden. Auf ein mit Backpapier ausgelegtes Blech setzen. Den Backofen auf 180 °C vorheizen.

4 Das Eiweiß im Standmixer anschlagen. Die Rechtecke mit Eiweiß bestreichen und mit Mandelblättchen und Mohn bestreuen. Die Kekse auf mittlerer Schiene etwa 15 Minuten backen. Auskühlen lassen und verpacken.

Haferflocken-Erdnuss-Häufchen

Zutaten

für 15 Stück

- 60 g Butter
- 50 g Erdnüsse, ungesalzen
- 150 g Zucker
- 60 ml Milch
- 80 g Erdnussbutter
- 150 g kernige Haferflocken

1 Die Butter in einem Topf schmelzen lassen. Die Erdnüsse im Standmixer grob hacken und beiseitestellen.

2 Zucker, lauwarme Butter und Milch in den Standmixer geben und zu einer homogenen Masse mixen. Die Erdnussbutter hinzufügen und ebenfalls unter die Masse mixen.

3 Haferflocken und Erdnüsse in eine Rührschüssel geben. Die cremige Masse darüber geben und alles mit einem Kochlöffel verrühren. Den Backofen auf 180 °C vorheizen.

4 Mit einem Esslöffel 15 Haferflockenhäufchen auf ein mit Backpapier ausgelegtes Blech setzen. Die Haferflockenhäufchen etwa 10 Minuten auf mittlerer Schiene backen. Auf dem Blech auskühlen lassen und dann in einer Keksdose aufbewahren.

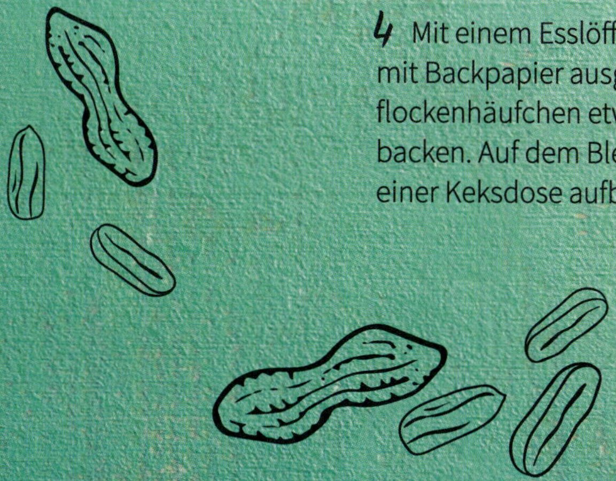

ZUBEREITUNGSZEIT 25 MIN + 18 MIN BACKZEIT

NUSS Blätterteig-Stangen

ZUTATEN
für 40 Stück

- 2 Packungen Blätterteig aus der Kühltheke (á 270 g)
- 80 g Zucker
- 1 Ei
- 100 ml Sahne
- 200 g gemahlene Haselnüsse
- 1 Msp. Kardamom

1 Zucker, Ei und Sahne in einen Standmixer geben und mixen. Dann die gemahlenen Haselnüsse in 2 Portionen unterrühren und mit Kardamom würzen.

2 Eine Rolle Blätterteig auf einer Arbeitsfläche ausrollen und die Nussmasse gleichmäßig darauf verstreichen. Die zweite Rolle Blätterteig darauf legen und ganz leicht andrücken.

3 Den gefüllten Blätterteig längs durchschneiden und ca. 1 bis 2 cm breite Streifen hineinschneiden. Diese Streifen zu Spiralen drehen und auf ein mit Backpapier ausgelegtes Blech legen. Im vorgeheizten Ofen bei 180 °C etwa 18 Minuten backen. Auskühlen lassen.

Tipp

200 g Puderzucker mit 1 EL Zitronensaft verrühren, die Streifen damit einpinseln und trocknen lassen. Alternativ 200 g Kuvertüre schmelzen, die Enden in die Kuvertüre dippen und ebenfalls trocknen lassen. In der Adventszeit geben Sie ½ TL Zimt in die Nussmasse.

Frozen Piña-Colada

OHNE ALKOHOL

ZUTATEN
für 1 Person

- 5-6 Eiswürfel
- 50 ml Kokosmilch (aus der Dose)
- 100 ml Ananassaft
- 1 EL frisch gepresster Limettensaft
- 1 Stück Ananas
- 2 Cocktailkirschen

1 Die Eiswürfel im Mixer crashen. Kokosmilch, Ananas- und Limettensaft dazugeben und kurz mixen.

2 Das gemixte Getränk in ein Glas geben und mit einem Stück Ananas und den beiden Cocktailkirschen garnieren.

Tipp

Alkoholisiert: In diesen Cocktailklassiker können Sie zusätzlich 50 ml weißen Rum geben.

ZUBEREITUNGSZEIT 3 MIN

Frozen-Strawberry-Margarita

OHNE ALKOHOL

ZUTATEN
für 1 Person

- 50 g Gurke
- 2 EL Limettensaft
- 80 g angetaute Erdbeeren
- 1 TL Zucker

1 Die Gurke waschen, schälen und grob in Stücke schneiden. Eine Erdbeere und eine Gurkenscheibe beiseitestellen. Die Gurke mit den restlichen Zutaten zusammen in den Standmixer geben, pürieren und in ein Glas für Short-Cocktails geben.

2 Das Glas mit einer Erdbeere und der Gurkenscheibe garnieren.

Tipp

Wer den Cocktail alkoholisieren möchte, gibt 20 ml Tequila dazu.

Frozen-Mango-Daiquiri MIT SCHUSS

ZUTATEN

für 1 Person

- 100 g Mango
- 1 TL Limettensaft
- 40 ml Rum
- 20 ml Triple sec
- 1 TL brauner Zucker
- 6-8 Eiswürfel

1 Das Mangofleisch vom Stein trennen und die Schale entfernen. 100 g Mango in grobe Stücke schneiden und in den Standmixer geben. Zusammen mit den Limettensaft, Rum und Triple sec sowie Zucker im Standmixer pürieren. Das Püree beiseitestellen. Die Eiswürfel hinzugeben und crashen. Das Mangomus zum gecrashten Eis geben und nochmals kurz mixen.

2 Das Ganze in ein kleines Cocktailglas geben und mit einem kurzen Strohhalm servieren.

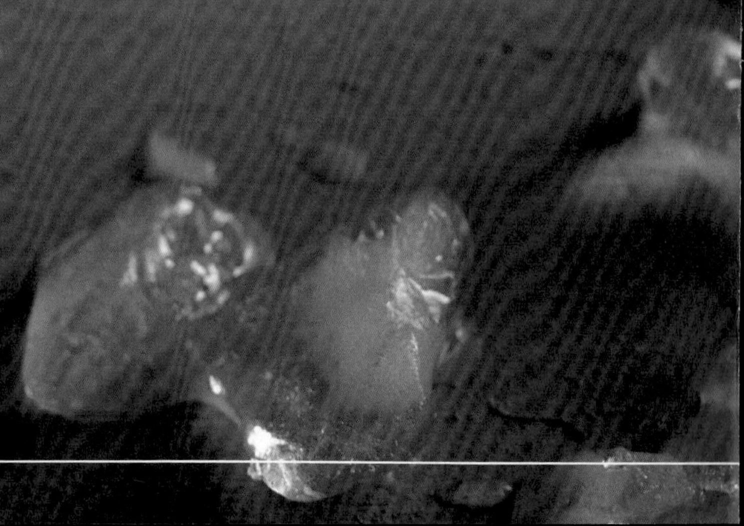

Orange-Ice-Crashed
MIT CAMPARI

ZUTATEN
für 1 Person

- kleine Orangen
- 90 ml Campari
- 1 TL brauner Zucker
- 1 Orangenscheibe zum Garnieren

1 Den Campari in Eiswürfelbehälter füllen und für 6 Stunden gefrieren.

2 Die Orangen filetieren, dafür die beiden Enden der Orange oben und unten abschneiden. Dann mit einem scharfen Messer die Schale in kleinen Schnitten vom Fruchtfleisch trennen. Die Orange auf ein Brett stellen und mit dem Messer vorsichtig das Fruchtfleisch, Filet für Filet, von der Haut trennen. Die Orangefilets vereinzelt auf einen Dosenboden verteilen und für 1 Stunde in das Gefrierfach stellen.

3 Die Campari-Würfel, die Orangenfilets und den Zucker in einen Standmixer geben und pürieren. In ein breites Glas geben, mit Orangenscheiben garnieren und mit Strohhalm und Teelöffel servieren.

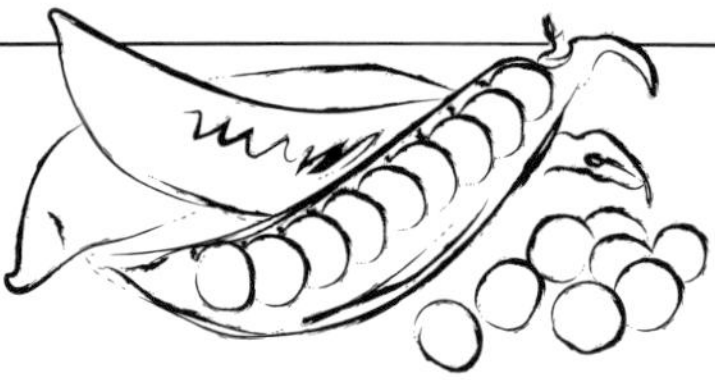

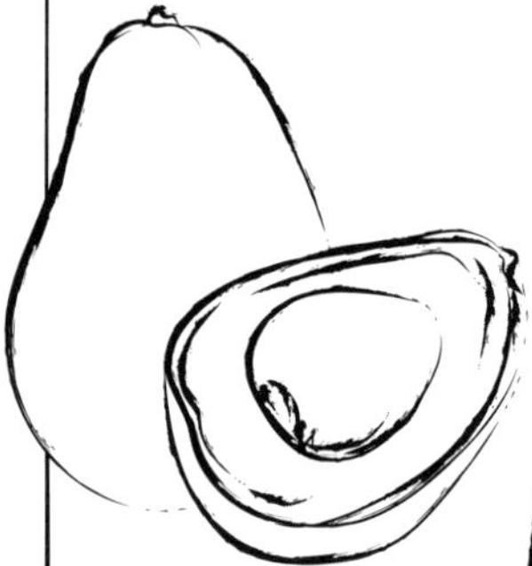

Impressum

DANKE

Wir danken der WMF Group GmbH, Geislingen / Steige
für die freundliche Bereitstellung von Materialien!

FOTOS: frechverlag GmbH. 70499 Stuttgart; lichtpunkt, Michael Ruder, Stuttgart

PRODUKTMANAGEMENT UND LEKTORAT: Lara Schaufler

LAYOUT UND SATZ: Konstanze Laue

DRUCK UND BINDUNG: Neografia, Slowakei

1. Auflage 2019

ISBN 978-3-7724-8055-3 • Best.-Nr. 8055

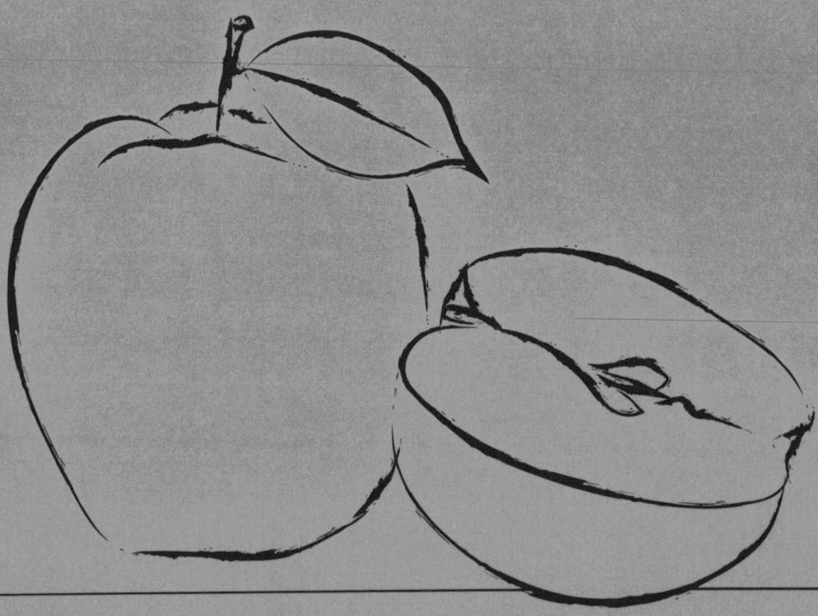